道路货物运输驾驶员
从业资格考试基本知识考试题库

Daolu Huowu Yunshu Jiashiyuan
Congye Zige Kaoshi Jiben Zhishi Kaoshi Tiku

适用类别
道路货物运输驾驶员

本书编写组　编

人民交通出版社股份有限公司
China Communications Press Co.,Ltd.

内 容 提 要

本书为道路货物运输驾驶员从业资格考试基本知识考试题库，供拟参加道路货物运输驾驶员从业资格考试的相关人员学习使用。

图书在版编目（CIP）数据

道路货物运输驾驶员从业资格考试基本知识考试题库 /《道路货物运输驾驶员从业资格考试基本知识考试题库》编写组编 . — 北京：人民交通出版社股份有限公司，2019.7

ISBN 978-7-114-15711-0

Ⅰ.①道⋯ Ⅱ.①道⋯ Ⅲ.①公路运输—货物运输—资格考试—习题集 Ⅳ.① U471.3-44

中国版本图书馆 CIP 数据核字（2019）第 147990 号

Daolu Huowu Yunshu Jiashiyuan Congye Zige Kaoshi Jiben Zhishi Kaoshi Tiku

书　　名：**道路货物运输驾驶员从业资格考试基本知识考试题库**
著　作　者：本书编写组
责任编辑：董　倩
责任校对：张　贺
责任印制：张　凯
出版发行：人民交通出版社股份有限公司
地　　址：（100011）北京市朝阳区安定门外外馆斜街 3 号
网　　址：http://www.ccpress.com.cn
销售电话：（010）59757973
总　经　销：人民交通出版社股份有限公司发行部
经　　销：各地新华书店
印　　刷：中国电影出版社印刷厂
开　　本：787×1092　1/16
印　　张：3
字　　数：61 千
版　　次：2019 年 7 月　第 1 版
印　　次：2020 年 3 月　第 2 次印刷
书　　号：ISBN 978-7-114-15711-0
定　　价：10.00 元

（有印刷、装订质量问题的图书由本公司负责调换）

目 录

第一部分 驾驶员的职业道德、职业心理与职业健康（40题） ………… 1
    一、判断题（7题） ………… 1
    二、单选题（9题） ………… 1
    三、多选题（24题） ………… 2

第二部分 道路货物运输从业相关法律法规（118题） ………… 5
    一、判断题（33题） ………… 5
    二、单选题（40题） ………… 6
    三、多选题（45题） ………… 10

第三部分 道路货物运输相关标准（48题） ………… 15
    一、判断题（13题） ………… 15
    二、单选题（24题） ………… 15
    三、多选题（11题） ………… 18

第四部分 道路货物运输专业知识（84题） ………… 20
    一、判断题（26题） ………… 20
    二、单选题（30题） ………… 21
    三、多选题（28题） ………… 23

第五部分 汽车使用技术（74题） ………… 27
    一、判断题（27题） ………… 27
    二、单选题（22题） ………… 28
    三、多选题（25题） ………… 29

第六部分 道路货物运输安全、应急处置（136题） ………… 32
    一、判断题（32题） ………… 32
    二、单选题（42题） ………… 33
    三、多选题（62题） ………… 37

试题分布表

考试项目		分值	题量			
			总量	判断	单选	多选
1. 驾驶员的职业道德、职业心理与职业健康		8	40	7	9	24
2. 道路货物运输从业相关法律法规		20	118	33	40	45
3. 道路货物运输相关标准		8	48	13	24	11
4. 道路货物运输专业知识		24	84	26	30	28
5. 汽车使用技术		16	74	27	22	25
6. 道路货物运输安全、应急处置	（1）理论知识	14	136	32	42	62
	（2）场景模拟题	10	—	—	—	—
合　　计		100	500	138	167	195

注："6. 道路货物运输安全、应急处置"中的场景模拟题不公开。

第一部分 驾驶员的职业道德、职业心理与职业健康（40题）

一、判断题（7题）

1. 道路货物运输驾驶员的社会责任感与道路运输安全息息相关。（√）
2. 安全运输是道路货物运输驾驶员对社会承担的一项重要责任。（√）
3. 社会责任感强的道路货物运输驾驶员能为企业、自身创造更多的经济价值。（√）
4. 道路货物运输驾驶员在运输中保持良好的心态，是预防交通事故的重要前提。（√）
5. 道路货物运输驾驶员的急躁心理有利于提高运输效率，不会导致交通事故。（×）
6. 运输中遇到别人争道抢行时，应和他一较高下，教训他的不文明行为。（×）
7. 道路货物运输驾驶员与家人争吵后情绪激动，此时出车不会影响运输安全。（×）

二、单选题（9题）

1. 高速公路前方出现事故，三位道路货物运输驾驶员小李、小赵、小周都被堵在车流中，小李见哪个车道速度快就往哪个车道穿插，小赵跟随车流依次排队行驶，而小周则借用应急车道行驶，三人中谁的行为符合社会责任与职业道德的要求？（B）
   A. 小李　　　　　　　B. 小赵　　　　　　　C. 小周
2. 下列哪种做法体现了道路货物运输驾驶员良好的职业道德？（A）
   A. 避让有优先通行权的车辆　　　　　　B. 无来车时向车外抛撒杂物
   C. 疲劳时边驾驶边抽烟提神
3. 道路货物运输驾驶员的哪种做法符合诚实守信的要求？（A）
   A. 按照合同承诺进行道路运输
   B. 运输中私自捎带其他货物
   C. 货物送达前额外索要运费
4. 道路货物运输驾驶员应该如何招揽货物？（A）
   A. 提高服务标准　　　B. 排挤竞争对手　　　C. 恶意降低价格
5. 遇到其他车辆的不友好行为，道路货物运输驾驶员应该怎么做？（A）
   A. 宽容忍让　　　　　B. 有理不让无理　　　C. 有理必争

6. 下列哪种心理状态有利于运输安全？（B）
   A. 鲁莽好斗　　　　　　B. 沉稳谨慎　　　　　　C. 冲动急躁
7. 运输中感觉情绪将要失控时，道路货物运输驾驶员应该怎么做？（A）
   A. 安全停车，情绪稳定后再行车
   B. 高速行驶，借以排解不良情绪
   C. 追逐竞驶，和其他车辆比车技
8. 道路货物运输驾驶员的哪种做法体现了良好的意志品质？（B）
   A. 通过没有监控的路段时侥幸违法驾驶
   B. 遇到紧急情况时头脑冷静、处置果断
   C. 遇到路况不良时情绪波动、操作失常
9. 道路货物运输驾驶员情绪低落、心神不定时，应急反应能力会如何变化？（A）
   A. 降低　　　　　　　　B. 提高　　　　　　　　C. 不变

三、多选题（24题）

1. 道路货物运输驾驶员的职业特点有哪些？（ABCD）
   A. 流动分散作业　　　　　　　　B. 意外和危险因素多
   C. 环境复杂多变　　　　　　　　D. 服务对象层次多样
2. 道路货物运输驾驶员履行社会责任有哪些益处？（ABCD）
   A. 促进道路运输行业健康发展　　B. 保证自身和他人生命财产安全
   C. 减少环境污染，节约能源　　　D. 为企业创造更多经济效益
3. 道路货物运输驾驶员应承担哪些社会责任？（ABCD）
   A. 遵章守法，维护交通秩序　　　B. 保证货物运输安全
   C. 节能减排，保护环境　　　　　D. 为托运人提供优质服务
4. 良好的职业道德要求道路货物运输驾驶员应如何进行运输活动？（ABCD）
   A. 依法行车　　　　　　　　　　B. 安全礼让
   C. 规范操作　　　　　　　　　　D. 有序通行
5. 道路货物运输驾驶员的哪些做法符合职业道德的要求？（BC）
   A. 车辆出现故障时继续驾驶　　　B. 平稳驾驶，妥善保管货物
   C. 交通拥堵时耐心有序跟车　　　D. 有车辆占道时逼对方让路
6. 道路货物运输驾驶员的哪些做法符合遵章守法的要求？（ACD）
   A. 按道路运输相关法规安全运输　B. 联合其他承运人统一运输价格
   C. 自觉遵守企业的各项规章制度　D. 认真遵守驾驶员安全操作规范
7. 道路货物运输驾驶员的哪些做法符合优质服务的要求？（CD）
   A. 货物交付前要求调整运费　　　B. 为节省时间不按限速行驶
   C. 通过凹凸路面时减速慢行　　　D. 货物到达后及时交付收货人

8. 道路货物运输驾驶员的哪些做法符合诚实守信的要求？（ABC）
A. 按批准的时间、路线、速度进行超限运输
B. 发现货物包装破损时及时通知托运人
C. 确保货物安全准时到达目的地
D. 推脱自身原因导致货损的责任

9. 道路货物运输驾驶员的哪些做法符合规范操作的要求？（ABD）
A. 按信号灯指示通过路口　　　　　B. 做好出车前的安全检视
C. 运输中任意选择行车道　　　　　D. 行车前必须系好安全带

10. 急躁心理容易导致下列哪些行为？（ACD）
A. 开快车　　　　　　　　　　　　B. 有序行驶
C. 强行超车　　　　　　　　　　　D. 频繁变道

11. 自满心理容易导致下列哪些行为？（AB）
A. 炫耀比拼车技　　　　　　　　　B. 长时间单手握转向盘
C. 转弯前降低车速　　　　　　　　D. 自觉参加安全培训

12. 好胜心理容易导致下列哪些行为？（BC）
A. 路口让行　　　　　　　　　　　B. 强行超车
C. 会车抢行　　　　　　　　　　　D. 低速行驶

13. 侥幸心理容易导致下列哪些行为？（ABC）
A. 在交叉路口闯红灯　　　　　　　B. 开故障车上路行驶
C. 高速公路随意停车　　　　　　　D. 正确使用警告标志

14. 一辆厢式货车在路口转弯时与一辆直行小客车发生碰撞，货车驾驶员认为两车距离比较远，自己能加速先通过；小客车驾驶员认为货车会停车让行，没有及时减速。造成这起事故的不良心理有哪些？（AC）
A. 侥幸心理　　　　　　　　　　　B. 负重心理
C. 寄托心理　　　　　　　　　　　D. 赌气心理

15. 道路货物运输驾驶员如何保持良好的心理状态？（ABCD）
A. 持续学习，更新知识　　　　　　B. 作息规律，睡眠充足
C. 合理饮食，营养均衡　　　　　　D. 加强锻炼，适度运动

16. 道路货物运输驾驶员出现哪些情绪时不利于运输安全？（ABC）
A. 紧张焦虑　　　　　　　　　　　B. 伤感抑郁
C. 兴奋激动　　　　　　　　　　　D. 情绪平和

17. 出现不利于安全运输的异常情绪时，道路货物运输驾驶员应该怎么做？（BCD）
A. 强忍情绪继续驾驶　　　　　　　B. 集中注意力驾驶
C. 必要时停车休息　　　　　　　　D. 调整心态，放松心情

18. 道路货物运输驾驶员服用哪些药物后不宜进行运输？（ABCD）

A. 镇静剂 B. 止痛药
C. 催眠药 D. 兴奋剂

19. 道路货物运输驾驶员服用影响神经系统的药物后，会出现哪些不良现象？（ABD）

A. 反应及操控能力下降 B. 听力、视力、注意力减退
C. 动作协调性提高 D. 动作准确性下降

20. 下列哪些情况容易导致驾驶疲劳？（ABCD）

A. 长时间坐姿不良 B. 行车时间过长
C. 睡眠不足 D. 车内空气质量差

21. 疲劳驾驶对道路货物运输驾驶员有哪些影响？（BCD）

A. 情绪过度兴奋 B. 增加操作失误
C. 分散注意力 D. 降低判断力

22. 停车休息时，哪些做法可以缓解驾驶疲劳？（ABCD）

A. 活动肢体 B. 眺望远方
C. 小睡片刻 D. 喝咖啡

23. 道路货物运输驾驶员如何预防颈椎病？（ABCD）

A. 保持正确的驾驶姿势 B. 座椅位置和高度合适
C. 正确调整头枕的高度 D. 停车休息时活动颈部

24. 道路货物运输驾驶员如何预防胃病？（ABCD）

A. 合理安排行程，定时适量饮食 B. 少吃刺激性、生冷、不易消化等食物
C. 保持情绪稳定，避免精神过度紧张 D. 慎用对胃黏膜有损伤的药物

第二部分 道路货物运输从业相关法律法规（118题）

一、判断题（33题）

1. 道路货物运输驾驶员享有依法获得安全生产保障的权利，并应该依法履行安全生产义务。（√）

2. 对于依法制定的保障安全生产的国家标准和行业标准，道路货物运输驾驶员可以作为参考，不是必须执行。（×）

3. 道路货物运输驾驶员应自行配备劳动防护用品，并按照规定佩戴、使用。（×）

4. 道路货物运输驾驶员在劳动合同中发现"发生交通事故，个人承担责任"的条款，根据《安全生产法》，该合同无效。（√）

5. 道路货物运输驾驶员发现直接危及人身安全的紧急情况时，有权在采取可能的应急措施后撤离车辆。（√）

6. 道路货物运输驾驶员因生产安全事故受到损害，可依法享有工伤保险。（√）

7. 发现事故隐患后，道路货物运输驾驶员应该直接处理，不必向本企业安全生产管理人员报告。（×）

8. 劳动合同是劳动者与用人单位确立劳动关系、明确双方权利和义务的协议。（√）

9. 道路货物运输驾驶员与道路运输企业建立劳动关系时，可以不订立劳动合同。（×）

10. 订立和变更劳动合同应该遵循平等自愿、协商一致的原则，不得违反法律、行政法规的规定。（√）

11. 道路货物运输驾驶员必须履行劳动合同规定的义务。（√）

12. 道路货物运输驾驶员有协助、配合有关部门开展反恐怖主义工作的义务，发现恐怖活动嫌疑或者恐怖活动嫌疑人员时，应当及时向公安机关或者有关部门报告。（√）

13. 道路货物运输企业应该实行安全查验制度，对客户身份进行查验，依照规定对货物进行安全检查或者开封验视。（√）

14. 国家鼓励货运经营者实行封闭式运输，保证环境卫生和货物运输安全。（√）

15. 道路货物运输驾驶员应该遵守道路运输操作规程，不得违章作业。（√）

16. 发生交通事故、自然灾害以及其他突发事件，道路货物运输经营者应该服从县级以上人民政府或者有关部门的统一调度、指挥。（√）

17. 货车应该规范装载，装载物可以触地拖行。（×）

18. 超限运输车辆需要在公路上临时停车时，应该在车辆周边设置警告标志，并采取相应的安全防范措施。（√）

19. 大件运输车辆及装载物品的有关情况可以与《超限运输车辆通行证》记载的内容不一致。（×）

20. 道路货物运输驾驶员进行超限运输时未随车携带《超限运输车辆通行证》，将被公路管理机构扣留车辆。（√）

21. 道路货物运输驾驶员使用伪造、变造的《超限运输车辆通行证》，由公路管理机构没收伪造、变造的超限运输车辆通行证，并处以罚款。（√）

22. 道路货物运输车辆的技术等级应该达到二级以上。（√）

23. 道路货物运输经营者可以对自有车辆进行二级维护作业，保证投入运营的车辆符合技术管理要求，并且必须进行二级维护竣工质量检测。（×）

24. 道路货物运输驾驶员不得擅自改变已获得道路运输证车辆的结构和特征。（√）

25. 根据《道路运输从业人员管理规定》，申请人在从业资格考试中有舞弊行为的，取消当次考试资格，考试成绩无效。（√）

26. 道路货物运输驾驶员违反从业资格管理规定且尚未接受处罚，可以直接办理从业资格证的换发、补发及变更手续。（×）

27. 道路货物运输驾驶员从业资格证违章记录栏内的记录是诚信考核和计分考核的依据。（√）

28. 道路货物运输驾驶员在诚信考核周期内累计计分达到20分，且未按照规定参加继续教育培训，将被列入黑名单，并向社会公告。（√）

29. 道路货物运输驾驶员应在从业资格证许可的范围内从事道路运输活动。（√）

30. 春运、黄金周等客流高峰时，可以驾驶货车从事经营性道路旅客运输活动。（×）

31. 未取得道路危险货物运输许可，不得从事危险货物道路运输。（√）

32. 驾驶员必须取得道路危险货物运输从业资格证，才能从事危险货物道路运输活动。（√）

33. 可以将危险货物与普通货物混装运输。（×）

二、单选题（40题）

1. 道路货物运输驾驶员被道路运输企业聘用后，未参加安全生产教育和培训，将受到什么限制？（A）

   A.不得上岗作业　　　　　　　　B.只能进行短途运输

   C.运输时须他人陪同

2. 道路货物运输驾驶员向监管部门举报所属企业不按规定进行车辆维护，这是行使了什么权利？（C）

   A.拒绝违章指挥　　　　　　　　B.获得工伤保护和民事赔偿

   C.对安全生产隐患进行批评、检举和控告

3. 劳动合同从何时起具有法律约束力？（B）
   A. 驾驶员入职上岗时　　　　　　　　　B. 劳动合同依法订立时
   C. 驾驶员通过试用期时
4. 一般情况下，道路货物运输驾驶员解除劳动合同时应该如何通知道路运输企业？（A）
   A. 提前30日以书面形式通知　　　　　　B. 提前30日以口头形式通知
   C. 提前10日以书面形式通知
5. 道路货物运输驾驶员去某道路运输企业应聘，企业要求上交身份证，待入职之日归还，如何评价这种行为？（C）
   A. 双方协商决定是否上交身份证　　　　B. 驾驶员必须将身份证上交给企业
   C. 企业行为违反《劳动合同法》
6. 道路货物运输驾驶员去某道路运输企业应聘，企业要求收取500元的入职培训费，如何评价这种行为？（A）
   A. 企业行为违反《劳动合同法》　　　　B. 驾驶员必须缴纳这笔入职培训费
   C. 双方协商决定是否缴纳培训费
7. 如何看待道路货物运输驾驶员拒绝企业管理人员违章指挥、强令冒险作业的行为？（C）
   A. 违反了企业管理规定　　　　　　　　B. 违反了劳动合同
   C. 依法行使安全生产权利
8. 变更劳动合同时应该采用什么形式？（B）
   A. 口头　　　　　　　　B. 书面　　　　　　　　C. 电子
9. 道路货物运输驾驶员应如何对待企业的《应急预案》和《应急演练组织办法》？（B）
   A. 不予理会　　　　　　　　　　　　　B. 阅读并熟知
   C. 出事故后才需要了解
10. 遇到法律、行政法规禁止运输的货物时，应该怎么做？（C）
    A. 直接运输　　　　　　　B. 少量运输　　　　　　　C. 拒绝运输
11. 遇到法律、行政法规规定必须办理有关手续后方可运输的货物时，应该怎么做？（A）
    A. 查验有关手续后运输　　　　　　　　B. 按普通货物运输
    C. 拒绝运输
12. 运输不可解体物品需要改装车辆时，应该由谁按照规定的车型和技术参数进行改装？（B）
    A. 具有资质的道路运输企业　　　　　　B. 具有资质的车辆生产企业
    C. 具有资质的车辆检验单位

13. 道路货物运输经营者想承运一批外廓尺寸超过公路限宽、限长标准的不可解体货物，应该向哪个部门申请公路超限运输许可？（A）

A. 交通运输管理部门　　　B. 城市管理部门　　　C. 公安交通管理部门

14. 装载物易掉落、遗洒或者飘散时，图中哪种车辆更适合运输？（A）

A车　　　　　　　　　B车　　　　　　　　　C车

A.A车　　　　　　　　B.B车　　　　　　　　C.C车

15. 道路货物运输驾驶员一年内违法超限运输超过几次，将被责令停止从事营业性运输？（C）

A.1次　　　　　　　　B.2次　　　　　　　　C.3次

16. 根据《超限运输车辆行驶公路管理规定》，车货总高度从地面算起超过多少米的货车是超限运输车辆？（A）

A.4米　　　　　　　　B.4.3米　　　　　　　C.5米

17. 根据《超限运输车辆行驶公路管理规定》，车货总宽度超过多少米的货车是超限运输车辆？（B）

A.2.25米　　　　　　 B.2.55米　　　　　　 C.3米

18. 进行超限运输需要对道路进行加固、改造时，所需费用由谁承担？（C）

A. 公路管理机构　　　　B. 托运人　　　　　　C. 承运人

19. 大件运输车辆通行公路桥梁时，哪种做法是正确的？（A）

A. 匀速居中行驶　　　　B. 低速靠右行驶　　　C. 随意制动停车

20. 大件运输车辆需要较长时间停车时，哪种做法是正确的？（B）

A. 在应急车道停车，设置警告标志　　　B. 驶离公路，在附近安全区域停车

C. 在避险车道停车，采取防范措施

21. 申请公路超限运输许可时，隐瞒有关情况或者提供虚假材料，几年内不准申请公路超限运输许可？（C）

A.3年　　　　　　　　B.2年　　　　　　　　C.1年

22. 国际道路运输车辆的技术等级必须达到哪级？（A）

A. 一级　　　　　　　　B. 二级　　　　　　　C. 三级

23. 货车的外廓尺寸、轴荷和最大允许总质量应该符合哪个标准的要求？（A）

A.《汽车、挂车及汽车列车外廓尺寸、轴荷及质量限值》（GB 1589）

B.《道路运输车辆综合性能要求和检验方法》（GB 18565）

C.《营运货车燃料消耗量限值及测量方法》（JT 719）

24. 车辆所有权转移、转籍时，车辆技术档案应如何处理？（A）
A. 随车移交　　　　　　B. 保留两年　　　　　　C. 随即失效

25. 车辆日常维护由谁实施？（B）
A. 运输企业　　　　　　B. 驾驶员　　　　　　　C. 维修企业

26. 车辆一级维护由谁组织实施？（C）
A. 维修企业　　　　　　B. 驾驶员　　　　　　　C. 运输企业

27. 车辆二级维护由谁组织实施？（C）
A. 维修企业　　　　　　B. 管理部门　　　　　　C. 运输企业

28. 车辆维护周期由谁结合车辆类别、车辆运行状况、行驶里程、道路条件、使用年限等因素决定？（B）
A. 管理部门　　　　　　B. 运输企业　　　　　　C. 相关法规

29. 普通货车自首次取得《道路运输证》当月起，每隔多长时间进行一次综合性能检测和技术等级评定？（B）
A. 每6个月　　　　　　B. 每12个月　　　　　　C. 每18个月

30. 道路运输从业人员从业资格考试成绩多长时间内有效？（A）
A.1年　　　　　　　　B.2年　　　　　　　　　C.3年

31. 道路货物运输驾驶员从业资格证的有效期是几年？（C）
A.3年　　　　　　　　B.5年　　　　　　　　　C.6年

32. 道路货物运输驾驶员应在从业资格证有效期届满多少日前办理换证手续？（C）
A.10日　　　　　　　B.20日　　　　　　　　C.30日

33. 道路货物运输驾驶员遗失从业资格证后，应到原发证机关办理什么手续？（B）
A. 换发　　　　　　　　B. 补发　　　　　　　　C. 变更

34. 道路货物运输驾驶员的服务单位发生变化时，应到交通运输主管部门或者道路运输管理机构办理什么手续？（C）
A. 证件换发　　　　　　B. 证件补发　　　　　　C. 证件变更

35. 从业资格证超过有效期180日未换证，发证机关将作何处理？（C）
A. 补发　　　　　　　　B. 吊销　　　　　　　　C. 注销

36. 道路货物运输驾驶员诚信考核和计分考核的周期是多长时间？（B）
A.6个月　　　　　　　B.12个月　　　　　　　C.24个月

37. 道路货物运输驾驶员诚信考核的周期从何时开始计算？（A）
A. 初次领取从业资格证　　　　　B. 初次签注诚信考核等级
C. 初次执行运输任务

38. 诚信考核等级为B级，且存在重大安全隐患的道路货物运输驾驶员会受到什么惩罚？（C）
A. 批评、教育　　　　　B. 罚款　　　　　　　　C. 调离驾驶员工作岗位

39. 道路货物运输驾驶员应该如何使用从业资格证？（C）
  A. 使用过期的从业资格证　　　　B. 使用没有年度诚信考核签注的从业资格证
  C. 运输时携带从业资格证
40. 大件运输车辆夜间停车休息时应设置什么装置？（A）
  A. 标志灯　　　　　　　　B. 标志旗　　　　　　　　C. 路障

三、多选题（45题）

1. 道路货物运输驾驶员如何保障运输安全？（ABCD）
  A. 熟知相关规章制度和操作规程　　B. 掌握本岗位安全驾驶操作技能
  C. 了解事故预防及应急处理措施　　D. 知悉自身的安全生产权利义务
2. 道路货物运输驾驶员与道路运输企业订立劳动合同时，应该确认载明哪些事项？（BCD）
  A. 免除事故责任　　　　　　　　B. 防止职业危害
  C. 保障劳动安全　　　　　　　　D. 办理工伤保险
3. 道路货物运输驾驶员有哪些安全生产权利？（CD）
  A. 拒绝合理岗位调动　　　　　　B. 拒绝正常工作安排
  C. 拒绝强令冒险作业　　　　　　D. 拒绝企业违章指挥
4. 为了保证生产安全，道路货物运输驾驶员在从业过程中应该怎么做？（ABCD）
  A. 遵守安全生产规章制度和操作规程　　B. 正确佩戴和使用劳动防护用品
  C. 接受安全生产教育和培训　　　　　　D. 发现事故隐患立即报告
5. 道路货物运输驾驶员发现本企业存在事故隐患或者其他不安全因素时，应该立即向谁报告？（AB）
  A. 现场安全生产管理人员　　　　B. 本单位负责人
  C. 质量监督机关　　　　　　　　D. 当地新闻媒体
6. 道路货物运输驾驶员享有哪些劳动权利？（ABCD）
  A. 取得劳动报酬　　　　　　　　B. 获得劳动安全卫生保护
  C. 接受职业技能培训　　　　　　D. 享受社会保险和福利
7. 道路货物运输驾驶员应该履行哪些劳动义务？（ABCD）
  A. 完成劳动任务　　　　　　　　B. 提高职业技能
  C. 执行劳动安全卫生规程　　　　D. 遵守劳动纪律和职业道德
8. 下列哪些劳动合同是无效的？（AB）
  A. 违反法律、行政法规的劳动合同　　B. 采取欺诈、威胁手段订立的劳动合同
  C. 约定违约责任的劳动合同　　　　　D. 无固定期限的劳动合同
9. 下列哪些情形下，道路运输企业不能解除与道路货物运输驾驶员的劳动合同？（CD）
  A. 驾驶员严重失职对企业利益造成重大损害

B. 驾驶员严重违反劳动纪律或企业规章制度

C. 驾驶员因工负伤被确认部分丧失劳动能力

D. 驾驶员患病，在规定的医疗期内

10. 道路货物运输驾驶员与道路运输企业发生劳动争议时，应该如何解决？（ABCD）
A. 依法申请调解 B. 仲裁
C. 提起诉讼 D. 协商解决

11. 下列哪些属于劳动合同的必备条款？（ABCD）
A. 劳动报酬和社会保险 B. 工作时间和休息休假
C. 工作内容和工作地点 D. 劳动保护、劳动条件和职业危害防护

12. 下列哪些情况下，道路货物运输驾驶员可以解除劳动合同？（ABCD）
A. 企业未按劳动合同约定提供劳动保护
B. 企业未及时足额支付劳动报酬
C. 企业未依法为驾驶员缴纳社会保险费
D. 企业规章制度违反法律法规损害驾驶员权益

13. 下列哪些情况下，劳动合同终止？（ABCD）
A. 劳动合同期满 B. 驾驶员依法享受基本养老保险待遇
C. 企业被依法宣告破产 D. 企业被吊销营业执照、责令关闭、撤销

14. 道路运输企业应该对哪些违反《劳动法》的行为承担法律责任？（ABD）
A. 低于当地最低工资标准支付驾驶员工资
B. 无正当理由辞退驾驶员后未按规定给予经济补偿
C. 要求驾驶员上岗前参加安全生产培训
D. 未向驾驶员提供必要的劳动防护用品

15. 道路货物运输驾驶员不得运输哪些货物？（ABC）
A. 法律法规禁止运输的货物 B. 存在重大安全隐患的货物
C. 客户拒绝安全查验的货物 D. 客户拒绝保价运输的货物

16. 道路货物运输驾驶员如何应对恐怖事件？（ABCD）
A. 保持冷静、安全第一 B. 小心谨慎、仔细应对
C. 见机行事、及时报警 D. 做好记录、保护现场

17. 道路货物运输驾驶员遇到恐怖事件后应该怎么做？（ACD）
A. 记住恐怖分子的显著特征 B. 勇敢与恐怖分子进行搏斗
C. 找机会发出求援信息 D. 时刻做好防范准备

18. 道路货物运输驾驶员遇到恐怖事件报警时应该提供哪些信息？（BCD）
A. 人质解救具体方案 B. 受困人员详细信息
C. 恐怖分子详细信息 D. 可依靠的有利条件

19. 国家鼓励道路运输企业采取哪些经营模式？（AC）

A. 规模化经营 B. 垄断式经营
C. 集约化经营 D. 挂靠式经营

20. 申请从事道路货物运输经营,应该具备哪些条件?(ABC)
A. 与经营业务适应并经检测合格的车辆 B. 符合规定条件的驾驶员
C. 健全的安全生产管理制度 D. 完善的企业发展战略规划

21. 从事道路货物运输经营时,不得使用哪些车辆?(ACD)
A. 报废的车辆 B. 检测合格的车辆
C. 擅自改装的车辆 D. 不符合国家规定的车辆

22. 道路货物运输经营者应该针对哪些事件制定应急预案?(BCD)
A. 车辆维护 B. 突发事件 C. 交通事故 D. 自然灾害

23. 从事国际道路货物运输经营应该具备哪些条件?(BC)
A. 在国内从事道路运输经营满2年,且未发生重大以上道路交通责任事故
B. 在国内从事道路运输经营满3年,且未发生重大以上道路交通责任事故
C. 取得国内道路运输经营许可证的企业法人
D. 获得公安交管部门出具的2年内无重大以上道路交通责任事故记录证明

24. 《道路运输条例》规定的处罚方式有哪些?(ABD)
A. 罚款 B. 没收违法所得 C. 拘留 D. 吊销许可证件

25. 在公路、公路桥梁或者公路隧道行驶的车辆受到哪些限制?(ABCD)
A. 限载 B. 限高 C. 限宽 D. 限长

26. 道路货物运输驾驶员如何进行超限运输?(ABCD)
A. 依法申请取得公路超限运输许可 B. 随车携带《超限运输车辆通行证》
C. 按照指定的时间、路线和速度行驶 D. 按照有关要求在车上悬挂明显标志

27. 道路货物运输驾驶员需接受超限检测时,不得出现哪些行为?(ABD)
A. 故意堵塞固定超限检测站点通行车道 B. 强行通过固定超限检测站点
C. 按照指引接受超限检测 D. 以短途驳载等方式逃避超限检测

28. 道路货物运输驾驶员在运输中发现货物掉落、遗洒或者飘散时,应该怎么做?(ABC)
A. 能处理时,及时采取措施处理 B. 不能处理时,按规定设置警示标志
C. 不能处理时,迅速报告有关部门 D. 继续运营,现场留给环卫工人处理

29. 同时满足哪些条件时,承运人可以申请办理长期(不超过6个月)《超限运输车辆通行证》?(BCD)
A. 不可解体物品来自同一托运人 B. 同一车辆短期内多次通行固定路线
C. 装载方式、装载物品相同 D. 不需要采取加固、改造措施

30. 大件运输车辆有哪些行为时,视为违法超限运输?(ABCD)
A. 未经许可擅自行驶公路

B. 车辆及装载物品与《超限运输车辆通行证》记载不一致

C. 未按许可的时间、路线、速度行驶

D. 未按许可的护送方案采取护送措施

31. 车辆技术档案应该包括哪些内容？（ABCD）

A. 车辆基本信息、技术等级评定记录　　B. 维护和修理记录、主要零部件更换记录

C. 车辆变更记录、行驶里程数据　　　　D. 对车辆造成损伤的交通事故记录

32. 货车和挂车应在哪些部位设置符合要求的车身反光标识？（BC）

A. 前部　　　　B. 后部　　　　C. 侧面　　　　D. 底部

33. 货车必须装备的安全防护装置有哪些？（BCD）

A. 红外探测器　　　　　　　　　　　B. 三角警告标志

C. 车身反光标识　　　　　　　　　　D. 灭火器

34. 下列哪些是非法改装道路运输车辆的行为？（ABD）

A. 擅自将客车改为货车　　　　　　　B. 擅自更改车身颜色

C. 车顶加装导流罩　　　　　　　　　D. 擅自改变车辆外廓尺寸

35. 非法改装道路运输车辆会产生哪些危害？（ABCD）

A. 增大行车危险性　　　　　　　　　B. 破坏车辆结构和性能

C. 造成运输市场的不公平竞争　　　　D. 破坏道路基础设施，污染环境

36. 道路货物运输经营者的哪些行为违反《道路运输车辆技术管理规定》，应当承担法律责任？（ABCD）

A. 车辆技术状况未达到《道路运输车辆综合性能要求和检验方法》（GB 18565）的要求

B. 未按照规定的周期和频次进行车辆综合性能检测和技术等级评定

C. 未建立道路运输车辆技术档案或者档案不符合规定

D. 未做好车辆维护记录

37. 道路货物运输驾驶员应该如何从业？（ABCD）

A. 依法经营　　　　　　　　　　　　B. 诚实信用

C. 规范操作　　　　　　　　　　　　D. 文明从业

38. 道路货物运输驾驶员必须符合哪些条件？（ABCD）

A. 取得相应的机动车驾驶证

B. 年龄不超过 60 周岁

C. 掌握相关道路货物运输法规、机动车维修和货物装载保管基本知识

D. 经考试合格，取得相应的从业资格证

39. 道路货物运输驾驶员出现哪些情况，发证机关将依法注销其从业资格证？（ACD）

A. 超过从业人员年龄限制　　　　　　B. 诚信考核等级为 A 级

C. 申请注销　　　　　　　　　　　　D. 不按规定换证

40. 道路货物运输驾驶员诚信考核的内容有哪些？（ABC）

　A. 安全生产情况　　　　　　　　B. 遵守法规情况

　C. 服务质量情况　　　　　　　　D. 文化素质情况

41. 出现哪些情况，发证机关将依法吊销从业资格证？（BCD）

　A. 因驾驶员原因致货物损毁且拒绝赔偿

　B. 发生重大以上交通事故且负主要责任

　C. 发现重大交通事故隐患仍继续运营

　D. 身体健康状况不符合从业要求且不申请注销

42. 道路货物专用运输使用的车辆或设备有哪些？（ACD）

　A. 集装箱　　　　　　　　　　　B. 厢式货车

　C. 冷藏保鲜设备　　　　　　　　D. 罐式容器

43. 道路货物运输驾驶员运营时除了随车携带驾驶证，还要携带哪些证件？（BCD）

　A. 经营许可证　　　　　　　　　B. 从业资格证

　C. 道路运输证　　　　　　　　　D. 车辆行驶证

44. 根据《道路货物运输及站场管理规定》，道路货物运输驾驶员应该接受道路运输企业组织的哪些培训？（ABCD）

　A. 安全教育　　　　　　　　　　B. 职业道德教育

　C. 业务知识　　　　　　　　　　D. 操作规程

45. 未取得道路危险货物运输许可从事危险货物道路运输，将会受到哪些处罚？（ACD）

　A. 罚款　　　　　　　　　　　　B. 注销从业资格证

　C. 有违法所得时没收违法所得　　D. 构成犯罪时追究刑事责任

第三部分　道路货物运输相关标准（48题）

一、判断题（13题）

1. 货车正常行驶时，转向轮转向后应有一定的回正能力，以使货车具有稳定的直线行驶能力。（√）
2. 货车的转向助力装置失效时，驾驶员失去用转向盘控制车辆的能力。（×）
3. 道路货物运输驾驶员可以对货车的外部照明和信号装置进行改装。（×）
4. 同一轴上轮胎的规格和花纹可以不同。（×）
5. 轮胎的胎面和胎壁上不应有长度超过25毫米或深度足以暴露出轮胎帘布层的破裂和割伤。（√）
6. 汽车及挂车的单轴、二轴组及三轴组的最大允许轴荷不应超过该轴或轴组各轮胎负荷之和。（√）
7. 货车驾驶室应配置手提式灭火器。（√）
8. 道路货物运输驾驶员在出车前应确认卫星定位系统车载终端、行车记录、视频监控等设备齐全完好、工作正常。（√）
9. 冷藏车驾驶员在出车前应确认车辆的制冷设备、温湿度记录仪工作正常，门封严密，车厢保温。（√）
10. 罐车驾驶员在出车前应确认罐式容器内预留了膨胀空间。（√）
11. 道路货物运输驾驶员在冬季行经严寒地区时，应随车携带垫木和防滑链。（√）
12. 零担货物是指一次托运不足装满整车，体积、质量和包装符合拼装成整车运输要求，并按质量或体积计算运费的货物。（√）
13. 零担货物承运人发现禁运品时，应按照有关规定向相关部门报告，并及时通知托运人。（√）

二、单选题（24题）

1. 货车的行车制动控制装置与驻车制动控制装置之间是什么关系？（A）
A. 相互独立　　　　B. 相互制约　　　　C. 相互联动
2. 半挂牵引车的哪个部位必须设置车身反光标识？（C）
A. 车辆尾部　　　　B. 车辆侧面　　　　C. 驾驶室后部上方
3. 货车侧面车身反光标识的长度应大于等于车长的多少？（B）
A. 三分之一　　　　B. 二分之一　　　　C. 三分之二

4.货车的哪些车轮不能装用翻新轮胎？（C）

A.所有车轮　　　　　　B.外侧车轮　　　　　　C.转向车轮

5.货车转向轮的胎冠花纹深度应大于等于多少？（C）

A.0.8毫米　　　　　　B.1.6毫米　　　　　　C.3.2毫米

6.货车非转向轮的胎冠花纹深度应大于等于多少？（B）

A.0.8毫米　　　　　　B.1.6毫米　　　　　　C.3.2毫米

7.图中所示二轴货车的最大允许总质量限值是多少？（A）

A.18000千克　　　　　B.25000千克　　　　　C.31000千克

8.图中所示三轴货车的最大允许总质量限值是多少？（B）

A.18000千克　　　　　B.25000千克　　　　　C.31000千克

9.图中所示三轴铰接列车的最大允许总质量限值是多少？（C）

A.18000千克　　　　　B.25000千克　　　　　C.27000千克

10.图中所示四轴货车的最大允许总质量限值是多少？（C）

A.18000千克　　　　　B.25000千克　　　　　C.31000千克

11.图中所示四轴铰接列车的最大允许总质量限值是多少？（C）

A.25000千克　　　　　B.31000千克　　　　　C.36000千克

12. 图中所示五轴铰接列车的最大允许总质量限值是多少？（C）

A.31000 千克　　　　　B.42000 千克　　　　　C.43000 千克

13. 图中所示六轴铰接列车的最大允许总质量限值是多少？（C）

A.43000 千克　　　　　B.46000 千克　　　　　C.49000 千克

14. 道路货物运输驾驶员在每日首次出车前应至少保证多长时间的睡眠？（B）

A.4 个小时　　　　　　B.6 个小时　　　　　　C.8 个小时

15. 道路货物运输驾驶员在交叉路口右转弯时，应通过后视镜观察哪个车轮的行驶轨迹，为其和路肩之间预留足够的转弯空间？（A）

A. 右侧后轮　　　　　 B. 右侧前轮　　　　　 C. 左侧后轮

16. 道路货物运输驾驶员在施画两条以上右转弯车道的交叉路口右转弯时，宜选择哪侧车道？（A）

A. 左侧车道　　　　　 B. 右侧车道　　　　　 C. 任一车道

17. 道路货物运输驾驶员在施画两条以上左转弯车道的交叉路口左转弯时，宜选择哪侧车道？（B）

A. 左侧车道　　　　　 B. 右侧车道　　　　　 C. 任一车道

18. 道路货物运输驾驶员在上坡路临时停车时，应该挂入什么挡位？（A）

A. 低速挡　　　　　　 B. 高速挡　　　　　　 C. 倒挡

19. 道路货物运输驾驶员在下坡路临时停车时，应该挂入什么挡位？（C）

A. 低速挡　　　　　　 B. 高速挡　　　　　　 C. 倒挡

20. 发生交通事故，事故车辆占用对向车道或影响对向来车正常通行时，应该如何摆放警告标志？（C）

A. 仅在车辆前方摆放　　　　　　　　B. 仅在车辆后方摆放

C. 在车辆前方和后方同时摆放

21. 道路货物运输驾驶员发现零担货物与运单填写内容不符时，应该怎么做？（A）
A. 提请托运人修改　　　　B. 额外收取运费　　　　C. 直接受理

22. 分拣零担货物的依据是什么？（A）
A. 不同流向　　　　B. 不同价值　　　　C. 不同包装

23. 零担货物到达目的地后，应在多长时间内通知收货人取货？（C）
A.4 小时　　　　B.8 小时　　　　C.12 小时

24. 保价运输的零担货物受损，实际损失高于声明价值，按照什么赔偿？（A）
A. 声明价值　　　　B. 实际损失　　　　C. 货物原值

三、多选题（11题）

1. 货车的离合器工作时不应有哪些现象？（BCD）
A. 分离彻底　　　　B. 异响
C. 抖动　　　　D. 不正常打滑

2. 道路货物运输驾驶员在高速公路上运输时感到疲劳，应选择哪些地方停车休息？（CD）
A. 应急车道　　　B. 匝道口　　　C. 停车场　　　D. 服务区

3. 道路货物运输驾驶员在出车前应提前熟悉哪些信息？（ABCD）
A. 高速公路出入口　　　　B. 沿线服务区
C. 其他中途休息场所　　　　D. 备用行车路线

4. 道路货物运输驾驶员在出车前应提前了解运行沿线的哪些信息？（ABCD）
A. 道路等级、道路线形及设置情况　　　　B. 桥梁、涵洞、隧道的限值
C. 恶劣天气和地质灾害预警信息　　　　D. 容易出现团雾、结冰、横风的路段信息

5. 道路货物运输驾驶员在哪些状态下不得上路行驶？（BD）
A. 身体健康、精力充沛　　　　B. 疲劳乏力、头晕恶心
C. 心平气和、不急不躁　　　　D. 情绪不良、心绪起伏

6. 道路货物运输驾驶员应根据哪些因素合理控制行驶速度和跟车距离？（ABCD）
A. 道路环境条件　　　　B. 天气条件
C. 车辆技术性能　　　　D. 车辆装载质量

7. 道路货物运输驾驶员行车中观察到哪些征兆，应预感到可能发生塌方、泥石流、山体滑坡？（ABCD）
A. 山坡土体出现变形、鼓包、裂缝　　　　B. 山坡有落石，且伴有树木摇晃
C. 动物惊恐异常　　　　D. 山坡上出现异常声音

8. 道路货物运输驾驶员遇到哪些情况时，应拒绝运输？（ABCD）
A. 货物属于禁止运输货物　　　　B. 货物存在重大安全隐患
C. 托运人拒绝安全验视　　　　D. 托运人拒绝实名登记

9. 道路货物运输驾驶员应如何使用限运、凭证运输物品的准运证明？（ABC）

A. 在运单上加以标注　　　　　　　　B. 相关证明材料随货同行

C. 运达后将证明材料交给收货人　　　D. 运达后将证明材料留存至少 2 年

10. 配装零担货物时，道路货物运输驾驶员应该怎么做？（ABCD）

A. 核对货物和运单是否相符　　　　　B. 核对货物包装是否完好

C. 轻装轻卸　　　　　　　　　　　　D. 堆码整齐

11. 进行零担运输时，哪些原因导致的货损货差承运人不负责赔偿？（ABC）

A. 不可抗力　　　　　　　　　　　　B. 包装完好，内装物损坏

C. 货物的自然损耗和性质变化　　　　D. 包装质量不达标且从外部很容易发现

第四部分 道路货物运输专业知识（84题）

一、判断题（26题）

1. 道路货物运输经营是指为社会提供公共服务、具有商业性质的道路货物运输活动。（√）
2. 道路货物运输只适合中短途运输，不能满足长距离运输的需求。（×）
3. 非易燃无毒气体不具有危险性，可以作为普通货物运输。（×）
4. 货运合同一经签订，便具有法律约束力，双方均应履行。（√）
5. 保价运输时，申报的货物价值可以超过货物本身的实际价值。（×）
6. 整箱集装箱货运适用于货源分散，托运人单件托运量小，运送目的地各不相同的情况。（×）
7. 拼箱集装箱货运适用于货流量大、货流集中，中途不停靠站点，直达目的地整装整卸的情况。（×）
8. 装载被隔板分割成若干个小的独立罐体的罐车时，应保证质量分布均匀。（√）
9. 甩挂运输比传统运输方式要占用更多的货物仓储设施。（×）
10. 甩挂运输时，牵引车与挂车之间的电缆连接器、气制动连接装置、ABS形式及接口应符合规定且相互匹配。（√）
11. 运价包括固定成本、变动成本和利润。（√）
12. 收货人逾期提货时，可以向其收取保管费。（√）
13. 托运人或者收货人不支付运费时，承运人对相应的货物享有留置权。（√）
14. 因托运人申报不实而造成承运人损失，托运人承担损害赔偿责任。（√）
15. 道路货物运输驾驶员提出行政复议申请并且被受理，在法定的行政复议期限内可以同时向人民法院提起行政诉讼。（×）
16. 道路货物运输驾驶员在申请行政复议时可以一并提出行政赔偿请求。（√）
17. 受理货物时，应核对实际货物与运单记载的货物名称、数量、包装方式是否相符。（√）
18. 受理货物时，如果发现货物与运单填写不符或可能危及运输安全，应在将实际情况备案后，继续办理交接手续。（×）
19. 装载货物时，有包装的在上面，无包装的在下面。（×）
20. 罐式车辆急转弯时，罐体内的液体会向侧壁堆积，增加车辆侧滑的风险。（√）
21. 装载成件包装货物时，应排列整齐、紧密。（√）

22. 对于桶装的液体货物，应检查桶盖是否严密，桶体是否渗漏。（√）

23. 承运包装不良，但不影响装卸和行车安全的货物时，应在运单上注明，以明确责任。（√）

24. 图中所示的标志表示起吊货物时挂绳索的位置。（√）

25. 图中所示的标志表示包装件的重心位置。（×）

26. 有毒、易污染的货物卸载后，应对车辆进行清洗和消毒。（√）

二、单选题（30题）

1. 运输柴油时宜选择哪种道路货物运输方式？（C）
   A. 道路普通货物运输　　B. 冷藏保鲜专用运输　　C. 罐式容器专用运输

2. 运输生鲜食品时宜选择哪种道路货物运输方式？（B）
   A. 道路普通货物运输　　B. 冷藏保鲜专用运输　　C. 罐式容器专用运输

3. 一般使用哪种货车运输散装、具有一定流动性的货物？（A）
   A. 罐式专用车辆　　　　B. 栏板车　　　　　　　C. 封闭货车

4. 依法运输超宽超重的不可解体货物时，宜选择哪种货车？（B）
   A. 普通货车　　　　　　B. 大件运输专用车辆　　C. 罐式专用车辆

5. 根据国家相关标准，危险货物分为几类？（C）
   A. 七　　　　　　　　　B. 八　　　　　　　　　C. 九

6. 签订一次性运输合同时，合同成立的凭证是什么？（B）
   A. 收据　　　　　　　　B. 运单　　　　　　　　C. 货物清单

7. 货物保价的原则是什么？（C）
   A. 贵重货物强制投保　　B. 易碎货物强制投保　　C. 所有货物自愿投保

8. 哪种货物在运输中必须保持一定的温度，以防腐坏变质？（B）
   A. 金属器皿　　　　　　B. 肉蛋蔬果　　　　　　C. 书籍纸张

9. 罐式容器的罐体密封，运输易燃易爆货物时能大大降低事故风险，这体现了它的什么特点？（B）
   A. 节约包装材料　　　　B. 利于运输安全　　　　C. 减轻劳动强度

10.依法进行超限运输时应如何悬挂标志？（C）

A.夜间悬挂标志旗

B.夜间停车休息时关闭标志灯

C.标志悬挂在货物超限的末端

11.甩挂运输时，牵引车和挂车必须满足什么条件？（C）

A.属于同一地区　　　B.属于同一企业　　　C.准牵引总质量与总质量匹配

12.运输成本中，不随服务量或运量变化的是什么？（B）

A.利润　　　　　　　B.固定成本　　　　　C.变动成本

13.下列哪项不是《合同法》里明确规定的承运人责任？（A）

A.免费提供卸载货物服务　　　　　B.将货物安全运达目的地

C.及时通知收货人来取货

14.两个以上承运人以同一运输方式联运，与托运人订立合同的承运人对哪些区段承担责任？（C）

A.自己运输的区段　　B.他人运输的区段　　C.全程运输

15.货物在运输中因山洪暴发而灭失，如果还未收取运费，道路货物运输驾驶员能否要求托运人支付运费？（B）

A.能　　　　　　　　B.不能　　　　　　　C.不确定

16.已收取运费的货物在运输中因地震而灭失，如果托运人要求返还运费，道路货物运输驾驶员应该怎么做？（C）

A.要求赔偿　　　　　B.不予返还　　　　　C.予以返还

17.道路货物运输驾驶员认为行政处罚侵犯自己的合法权益，一般情况下可在自知道处罚决定之日起几日内申请行政复议？（C）

A.10日　　　　　　　B.30日　　　　　　　C.60日

18.道路货物运输驾驶员对行政机关的罚款决定不服，直接向人民法院提起诉讼时，应在知道或者应当知道作出罚款决定之日起多长时间内提出？（C）

A.1个月　　　　　　 B.3个月　　　　　　 C.6个月

19.道路运输企业拖欠或者未足额支付劳动报酬时，道路货物运输驾驶员可以如何维权？（A）

A.向当地人民法院申请支付令　　　B.到当地信访机构反映情况

C.阻碍企业的正常生产过程

20.受理货物时发现货物未按规定包装，应该如何处理？（A）

A.请托运人按规定重新包装　　　　B.装车时与其他货物隔离开

C.直接装车，途中多注意货物情况

21.装载货物时，较重的货物应尽量放在载货平面的哪个位置？（B）

A.A处　　　　　　　 B.B处　　　　　　　 C.C处

22. 采用横（纵）向下压捆绑法固定货物时，最佳的捆绑角度是多少？（C）
A.30° B.60° C.90°

23. 固定能够承受压力且不会压缩变形的单件货物时，适合使用哪种方法？（A）
A. 横（纵）向下压捆绑法 B. 端部交叉捆绑法 C. 整体捆绑法

24. 固定原木、钢板等长条、成垛堆码的货物时，适合使用哪种方法？（C）
A. 横（纵）向下压捆绑法 B. 端部交叉捆绑法 C. 整体捆绑法

25. 货物拉牵固定法通常用于加固哪种货物？（C）
A. 鲜活货物 B. 散装货物 C. 大件货物

26. 成件包装货物的装载高度或宽度超出货车端侧板时，应如何码放？（A）
A. 梯形 B. 水平 C. 垂直

27. 装载袋装货物时，袋口应朝向哪里？（B）
A. 车头 B. 车内 C. 车外

28. 图中所示的标志表示应如何操作？（C）
A. 禁用手钩 B. 禁止饮酒 C. 小心轻放

29. 拼装货物时，哪种做法是正确的？（C）
A. 液体与固体拼装 B. 榴莲与茶叶拼装 C. 砒霜不能与食物拼装

30. 交接货物时收货人要求重新过磅，如果结果是没有货差，由谁承担过磅费用？（B）
A. 驾驶员 B. 收货人 C. 运输企业

三、多选题（28题）

1. 下列哪些属于道路货物运输？（ABCD）
A. 道路普通货物运输 B. 道路货物专用运输
C. 道路大型物件运输 D. 道路危险货物运输

2. 道路货物运输有哪些基本环节？（ABCD）
A. 运输合同的订立 B. 货物受理及装载
C. 货物的安全运输 D. 货物卸载及交接

3. 为保证运输质量，道路货物运输驾驶员应该怎么做？（ABD）
A.确保车辆技术状况良好　　　　　B.经常检查货物捆扎情况
C.要求所有货物都有人押运　　　　D.遵守法律法规和操作规程

4. 为保证运输质量，道路货物运输驾驶员应该如何装载货物？（ACD）
A.协助并监督装卸人员按规程装载　B.发现货物的包装破损时继续装载
C.发现潮湿发热的货物时终止装载　D.装载完后检查货物是否超限超载

5. 下列哪些属于危险货物，道路普通货物运输驾驶员不得运输？（ABD）
A.雷管　　　　　　　　　　　　　B.氧气
C.水泥　　　　　　　　　　　　　D.汽油

6. 道路普通货物运输驾驶员不得运输下列哪些货物？（ACD）
A.液氯　　　　　　　　　　　　　B.食用油
C.油纸　　　　　　　　　　　　　D.甲醇

7. 下列哪些货物可以作为普通货物进行道路运输？（ABCD）
A.潮湿棉花　　　　　　　　　　　B.活性炭
C.植物纤维，干的　　　　　　　　D.20升以下的水性涂料

8. 压缩氮满足哪些条件时可以作为普通货物进行道路运输？（ABD）
A.使用符合《气瓶安全技术监察规程》的无缝气瓶
B.单个气瓶公称容积不超过50升
C.单个气瓶公称容积不超过175升
D.每个运输单元的压缩气体气瓶总水容积不超过500升

9. 道路货物运单的作用有哪些？（ABCD）
A.运输合同成立的凭证　　　　　　B.承运人接受、保管、交付货物的凭证
C.记录车辆运行和作业统计的原始凭证　D.划清承、托、收三方责任的依据

10. 道路普通货物运输主要有哪些形式？（CD）
A.集装箱运输　　　　　　　　　　B.冷藏保鲜专用运输
C.整车货物运输　　　　　　　　　D.零担货物运输

11. 集装箱运输的优点有哪些？（ABCD）
A.物资损耗少　　　　　　　　　　B.节约包装材料及费用
C.装卸效率高　　　　　　　　　　D.货差货损少

12. 装载、运输冷冻货物时应该怎么做？（BC）
A.保留间隙　　　　　　　　　　　B.紧密堆码
C.保持低温　　　　　　　　　　　D.保持常温

13. 装载、运输易腐货物时应该怎么做？（AD）
A.保留间隙　　　　　　　　　　　B.紧密堆码
C.温度保持在零度以下　　　　　　D.温度与物品特性适宜

14. 罐式容器专用运输有哪些特点？（ABCD）
   A. 装卸运输效率高　　　　　　　　B. 货运品质有保证
   C. 有利于运输安全　　　　　　　　D. 节约包装材料和成本

15. 哪些措施能够提高运输效率？（BCD）
   A. 驾驶员长时间连续工作　　　　　B. 提高机械化装卸水平
   C. 避免回程空驶　　　　　　　　　D. 做好货物配载

16. 甩挂运输有哪些优点？（ABCD）
   A. 提高运输效率　　　　　　　　　B. 减少装卸等待时间
   C. 降低运输成本　　　　　　　　　D. 减少车辆空驶

17. 签订货物运输合同后，承运人必须履行哪些义务？（ABC）
   A. 按照约定线路运输货物　　　　　B. 在约定时间内送达货物
   C. 将货物安全运输到约定地点　　　D. 收货人逾期提货时免费保管

18. 货物交付收货人之前，可以满足托运人的哪些要求？（ABCD）
   A. 中止运输　　　　　　　　　　　B. 返还货物
   C. 变更到达地点　　　　　　　　　D. 将货物交给其他收货人

19. 哪些原因造成的货物损失，在举证后可以不负赔偿责任？（BCD）
   A. 驾驶员违法驾驶　　　　　　　　B. 货物本身自然性质
   C. 包装存在内在缺陷　　　　　　　D. 不可抗力

20. 道路货物运输驾驶员不服行政机关的罚款决定时，如何维权？（AB）
   A. 申请行政复议　　　　　　　　　B. 提起行政诉讼
   C. 拒不缴纳罚款　　　　　　　　　D. 托运人承担费用

21. 道路货物运输驾驶员的合法权益受到损害时，可采取哪些方式维权？（BCD）
   A. 上网发布夸大事实的消息　　　　B. 要求有关部门依法处理
   C. 依法申请仲裁　　　　　　　　　D. 依法提起诉讼

22. 装载货物时，正确的做法有哪些？（ACD）
   A. 在车门处放置隔离物　　　　　　B. 有包装的在上，无包装的在下
   C. 重不压轻　　　　　　　　　　　D. 先远后近

23. 超载会导致哪些后果？（ACD）
   A. 制动距离延长　　　　　　　　　B. 安全性提高
   C. 爬坡更加困难　　　　　　　　　D. 下坡速度加快

24. 应该如何分配载货质量？（ABD）
   A. 尽可能降低车辆的重心　　　　　B. 重货物装在车辆的中心
   C. 重货物装在轻货物后面　　　　　D. 重货物装在下层

25. 搬运装卸货物时，正确的做法有哪些？（ABD）
   A. 合同中约定搬运装卸人　　　　　B. 装运前对车厢进行清扫

C. 拼装性质相抵触的货物　　　　　　D. 装运完按规定贴上标志

26. 拼装配载货物时，正确的做法有哪些？（CD）

A. 大蒜油和茶叶拼装　　　　　　　　B. 普通货物和剧毒货物拼装

C. 液体不与固体拼装　　　　　　　　D. 干燥车厢装载纸张

27. 道路货物运输驾驶员应如何进行装载检查？（ABCD）

A. 运输前确保装载符合要求　　　　　B. 途中检查货物安全状况

C. 每次停车休息时都进行检查　　　　D. 行车中随时通过后视镜检查

28. 存放货物时，正确的做法有哪些？（ABD）

A. 按货物性质分类存放　　　　　　　B. 按货物的流向存放

C. 遵守上重下轻的原则　　　　　　　D. 遵守货物存放要求

第五部分 汽车使用技术（74题）

一、判断题（27题）

1. 货车传动系的基本功用是将发动机发出的动力传给所有车轮。（×）
2. 离合器是货车传动系中直接与发动机连接的部件。（√）
3. 货车行驶系一般由车架、车桥、车轮和悬架等组成。（√）
4. 货车一级维护作业的内容除日常维护作业外，以清洁、润滑、紧固为主，并检查有关制动、操纵等安全部件。（√）
5. 货车在发动机运转及停车时，所有连接部位均不应有渗漏现象。（√）
6. 行车制动必须保证驾驶员在驾驶过程中能控制车辆安全、有效地减速和停车。（√）
7. 采用真空助力的行车制动系，当真空助力器失效后，可连续踩制动踏板制动，制动性能不变。（×）
8. 货车在行驶过程中可以出现自行制动现象。（×）
9. 货车的离合器应接合平稳，分离彻底，工作时不应有异响、抖动或不正常打滑现象。（√）
10. 车辆换挡时变速器齿轮应啮合灵便，互锁、自锁和倒挡锁装置应有效，不得有乱挡和自行跳挡现象。（√）
11. 货车的安全带应可靠有效，安装位置应合理。（√）
12. 货车的车外后视镜和前下视镜应固定可靠，不得调节。（×）
13. 货车后部的车身反光标识只需要体现后部的高度。（×）
14. 离合器踏板没有自由行程，会造成离合器打滑。（√）
15. 气压制动车辆制动管路接头松动漏气，不会影响制动效果。（×）
16. 对于双胎并装的车轮，双胎中一个轮胎气压过低，不会对另一个轮胎造成影响。（×）
17. 车辆行驶速度过快时，轮胎在路面上会产生滑移，导致轮胎磨损加剧。（√）
18. 车辆高速行驶，会使胎温急剧升高，胎体刚性增大，导致胎面磨损增加。（√）
19. 装载负荷大于轮胎的额定负荷时，不会影响轮胎使用寿命和行车安全。（×）
20. 噪声和尾气是货车正常工作的必然产物，不会对人体健康和环境产生不良影响。（×）
21. 较长时间停车时，将发动机关闭可以降低油耗，减少噪声。（√）

22. 节能驾驶以安全为前提,没有安全,节能就毫无意义。（√）
23. 寒冷天气冷起动柴油机时应首先开启预热系统,充分预热后再起动发动机。
（√）
24. 增压发动机起动时,需要让发动机怠速预热3分钟以上。（×）
25. 在选择运输路线时,应兼顾时间和距离的最优化。（√）
26. 装有ABS的货车制动时,感觉到制动踏板发生震颤是ABS正常的工作特性。
（√）
27. 采用废气再循环装置的发动机可以降低氮氧化物（NO_x）排放。（√）

二、单选题（22题）

1. 扩大发动机输出的转矩和转速的变化范围,满足货车牵引力和车速变化需要的部件是什么？（A）
   A. 变速器　　　　　B. 离合器　　　　　C. 差速器

2. 半轴是在哪些部件之间传递动力的实心轴？（A）
   A. 差速器和驱动轮　　B. 变速器和万向节　　C. 主减速器和差速器

3. 下列哪项是日常维护作业的内容？（A）
   A. 补足胎压、剔除胎纹间的杂物　　　B. 检查和调整制动间隙
   C. 调整转向节、转向摇臂

4. 出车前的车辆安全检视属于哪种维护？（C）
   A. 一级维护　　　　B. 二级维护　　　　C. 日常维护

5. 行车中的车辆安全检视属于哪种维护？（C）
   A. 一级维护　　　　B. 二级维护　　　　C. 日常维护

6. 拆检轮胎,进行轮胎换位属于哪种维护？（B）
   A. 日常维护　　　　B. 二级维护　　　　C. 一级维护

7. 车辆挂挡困难,挂挡后不抬离合器踏板,车辆即行走或使发动机熄火,这是什么故障？（A）
   A. 离合器分离不彻底　B. 离合器打滑　　　C. 离合器异响

8. 将制动踏板踩到底,车辆不能立即减速、停车,此故障发生在哪个部位？（A）
   A. 制动器　　　　　B. 前桥和转向系　　　C. 离合器

9. 车辆不能保持直线行驶方向,而是自行偏向一侧,这是什么故障？（C）
   A. 气压制动失效　　B. 液压制动失效　　　C. 前桥和转向系失效

10. 货车的轮胎应与什么车速相适应？（A）
    A. 最高设计车速　　B. 最低设计车速　　　C. 经济车速

11. 轮胎气压过高会加剧哪部分的磨损？（B）
    A. 胎肩　　　　　　B. 胎冠中部　　　　　C. 胎侧

12. 轮胎气压过低会加剧哪部分的磨损？（A）
A. 胎冠两侧　　　　　　B. 胎冠中部　　　　　　C. 胎侧

13. 与匀速行驶相比，车速时快时慢时，车辆的油耗和污染物排放会怎样变化？（B）
A. 减少　　　　　　　　B. 增加　　　　　　　　C. 不变

14. 通过道路条件较好的路段时，道路货物运输驾驶员应尽量使用什么挡位？（B）
A. 低挡位　　　　　　　B. 高挡位　　　　　　　C. 中等挡位

15. 条件允许时，道路货物运输驾驶员最好以什么车速行驶，减少燃油消耗？（C）
A. 高速　　　　　　　　B. 低速　　　　　　　　C. 经济车速

16. 水温表读数在哪个区间时，发动机油耗较低？（A）
A. 80℃～95℃　　　　　B. 40℃～55℃　　　　　C. 60℃～75℃

17. 变更车道和转弯时，如何转向操作既安全又节油？（A）
A. 平稳转向　　　　　　B. 快速转向　　　　　　C. 突然转向

18. 柴油机排放的主要有害成分是什么？（B）
A. 氮氧化物（NO_x）、碳氢化合物（HC）
B. 氮氧化物（NO_x）、颗粒物（PM）
C. 颗粒物（PM）、一氧化碳（CO）

19. 可以降低发动机氮氧化物（NO_x）排放量的装置是什么？（B）
A. 燃油蒸气回收装置　　　　　　　　B. 废气再循环装置
C. 曲轴箱强制通风装置

20. 驾驶装有ABS的车辆时，应如何使用行车制动？（B）
A. 使用"点刹"技术
B. 用力踩下制动踏板不放松
C. 感到制动踏板振颤后放松

21. 缓速器适合在何种情况下使用？（A）
A. 适合在下长坡时使用　　　　　　　B. 适合在湿滑路面上使用
C. 适合在冰雪路面上使用

22. 能够直接转化车辆尾气中有害气体的装置是什么？（B）
A. 高压共轨装置　　　　B. 尾气后处理装置　　　C. 涡轮增压装置

三、多选题（25题）

1. 货车一般有哪些基本结构？（ABCD）
A. 发动机　　　B. 底盘　　　　C. 车身　　　　D. 电气设备

2. 和汽油机相比，柴油机有哪些特点？（BCD）
A. 转速高　　　B. 压缩比大　　C. 热效率高　　D. 经济性好

3. 传动系应具备哪些功用？（ABCD）

A. 减速增矩　　　　　　　　　　B. 实现倒车行驶
C. 必要时中断传动　　　　　　　D. 差速作用

4. 离合器应具备哪些功用？（BCD）
A. 产生汽车行驶的动力　　　　　B. 保证汽车能平稳起步
C. 保证传动系换挡时工作平顺　　D. 限制传动系承受的最大转矩

5. 子午线轮胎有哪些特点？（BD）
A. 散热性能差　　　　　　　　　B. 缓冲性能好
C. 滚动阻力大　　　　　　　　　D. 油耗比较低

6. 悬架一般由哪些部件组成？（BCD）
A. 刚性元件　　B. 弹性元件　　C. 导向机构　　D. 减振器

7. 独立悬架有哪些特点？（ABC）
A. 减少不平路面上车架和车身的振动　　B. 提高汽车的平均行驶速度
C. 提高行驶稳定性和平顺性　　　　　　D. 车轮跳动时减轻轮胎磨损

8. 日常行车检查是何时进行的车辆作业？（ABC）
A. 出车前　　　　　　　　　　　B. 行车中停车休息时
C. 收车后　　　　　　　　　　　D. 早 8 点至 10 点

9. 哪些部件需要在二级维护时重点检查和调整？（ABCD）
A. 转向节　　　　　　　　　　　B. 转向摇臂
C. 制动蹄摩擦片　　　　　　　　D. 悬架

10. 轮胎换位的目的是什么？（ABCD）
A. 使轮胎磨损趋于均衡　　　　　B. 延长轮胎的使用寿命
C. 防止轮胎不正常磨损　　　　　D. 提高行车的安全系数

11. 离合器打滑的原因有哪些？（ABD）
A. 摩擦片过薄，间隙过大　　　　B. 压盘压紧弹簧状态不良
C. 离合器踏板自由行程过大　　　D. 离合器盖安装螺栓松旷

12. 气压制动不良的原因有哪些？（ABCD）
A. 储气筒气压不足　　　　　　　B. 空气压缩机传动带打滑
C. 制动踏板自由行程过大　　　　D. 制动管路破裂或接头漏气

13. 影响轮胎使用寿命的因素有哪些？（ABCD）
A. 轮胎气压　　B. 轮胎负荷　　C. 行驶速度　　D. 道路条件

14. 车辆严重超载对轮胎有哪些影响？（BCD）
A. 轮胎耐磨性提高　　　　　　　B. 轮胎容易龟裂
C. 轮胎容易爆胎　　　　　　　　D. 轮胎磨损加剧

15. 哪些驾驶操作能延长轮胎的使用寿命？（BC）
A. 转弯过急　　B. 起步平稳　　C. 平缓制动　　D. 轧擦路缘石

16. 轮胎的正确使用方法有哪些？（BCD）

A. 只能使用子午线轮胎　　　　　　　B. 合理搭配轮胎

C. 保持气压正常　　　　　　　　　　D. 及时进行轮胎更换和换位

17. 如何正确搭配使用轮胎？（BCD）

A. 任意搭配，不受限制　　　　　　　B. 同轴不混装新胎和旧胎

C. 同轴不混装高压胎和低压胎　　　　D. 同轴不混装子午线和斜交轮胎

18. 哪些情况下需要更换轮胎？（ABC）

A. 胎侧出现鼓包　　　　　　　　　　B. 胎面受损露出帘布层

C. 前轮花纹深度低于 3.2 毫米　　　　D. 轮胎花纹间夹有石子

19. 哪些操作能够实现节能减排？（AD）

A. 合理使用挡位和控制车速　　　　　B. 长时间怠速预热车辆

C. 急转向和急加速　　　　　　　　　D. 保持发动机转速在经济区间

20. 低温条件下使用预热装置热车后起步有哪些优点？（ABCD）

A. 降低油耗　　　　　　　　　　　　B. 减少发动机不正常磨损

C. 有利于变速器变速齿轮的润滑　　　D. 使燃油燃烧更充分

21. 下列哪些是节能环保的驾驶操作方法？（ABCD）

A. 冬季起步前预热发动机　　　　　　B. 起步时慢给油、匀加速

C. 低挡不超速，高挡不缓行　　　　　D. 合理使用空调

22. 发动机排放的主要污染物有哪些？（ABCD）

A. 氮氧化物（NO_x）　　　　　　　　B. 碳氢化合物（HC）

C. 一氧化碳（CO）　　　　　　　　　D. 颗粒物（PM）

23. 下列关于缓速器的表述中，正确的有哪些？（ACD）

A. 是有效的辅助制动系统　　　　　　B. 依靠行车制动系发挥作用

C. 可有效降低车辆行驶速度　　　　　D. 可长时间、高频率制动

24. 驾驶装有涡轮增压发动机的车辆时，应注意哪些事项？（BCD）

A. 高速行驶后立即关闭发动机

B. 高速行驶后保持发动机怠速运转 3～5 分钟

C. 保持空气滤清器、机油滤清器清洁

D. 合理选择机油，定期维护

25. 高压共轨发动机有哪些优点？（BCD）

A. 供油压力不随发动机转速变化　　　B. 提高燃烧效率

C. 降低尾气排放　　　　　　　　　　D. 降低发动机噪声

第六部分 道路货物运输安全、应急处置（136题）

一、判断题（32题）

1. 运输中做到集中注意力、仔细观察和提前预防是道路货物运输驾驶员安全意识的具体体现。（√）

2. 运输中通过山区道路时，道路货物运输驾驶员应时刻关注车辆的制动效能，防止出现制动失效。（√）

3. 驾驶货车跟车时，应预见前车随时可能转向、减速或紧急制动，提前采取措施以确保安全。（√）

4. 会车时，道路货物运输驾驶员应注意对向来车后方的行人、车辆，以防其突然横穿带来危险。（√）

5. 变道结束后，道路货物运输驾驶员应及时关闭转向灯，以免给其他车辆传递错误信号。（√）

6. 大型货车转弯时，只要前轮能够通过，后轮就能通过。（×）

7. 驾驶货车掉头时，应尽量选择车流量少、道路较宽、能一次完成掉头的路段。（√）

8. 运输中通过铁路道口，发现栏杆刚开始下降时，可以加速通过。（×）

9. 驾驶货车在山区道路遇塌方、泥石流时，应在确认安全后尽快通过。（√）

10. 运输中通过乡村扬尘路段时，应低速慢行，必要时可以开启车灯、鸣喇叭示意。（√）

11. 运输中遇到能见度低于10米的大雾时可以降低车速继续行驶。（×）

12. 高速公路上车速快、交通环境单一，道路货物运输驾驶员容易感到枯燥、松懈或困倦。（√）

13. 驾驶货车在高速公路上行驶，突然发现前方有遗撒物品时，应急打方向避让。（×）

14. 驾驶货车在高速公路上超车时，可以超过最高限速。（×）

15. 夜间驾驶货车跟车时，可以保持比白天小一些的跟车距离。（×）

16. 夜间运输，发现路旁停有车辆或自行车时，应加速通过。（×）

17. 运输中遇到紧急情况时应及时减速，急转转向盘。（×）

18. 运输中遇到险情时应保持头脑清醒，情绪镇定，不惊慌。（√）

19. 运输中遇到紧急情况，避险时应优先考虑货物的安全，先货物后行人。（×）

20. 驾驶货车避险时,应尽量避开损失较重或危害较大的一方,以减轻事故的后果。（√）

21. 运输中发动机突然熄火,应立即原地制动停车,检查原因。（×）

22. 运输中货车突然制动失效,使用驻车制动器辅助制动时,可将操纵杆一次拉紧。（×）

23. 运输中发生爆胎时,应向相反方向急转转向盘或急踩制动踏板。（×）

24. 货车起火时,应该尽量驶离加油站、高压电线等易燃易爆的地段。（√）

25. 发动机起火时,道路货物运输驾驶员应迅速关闭发动机,打开发动机舱盖灭火。（×）

26. 救火时,道路货物运输驾驶员应脱去化纤服装,注意保护裸露的皮肤。（√）

27. 山区道路旁边的深谷或沟内传来轰鸣或闷雷般的声音时,应预见到可能有泥石流等自然灾害发生。（√）

28. 货车有爆炸隐患时,应及时采取措施消除隐患,如果爆炸已不可避免,可撤离到安全地带。（√）

29. 交通事故肇事车辆逃逸时,应记清肇事车辆的车型、颜色、特征及逃逸方向,以及逃逸驾驶员的体貌特征等。（√）

30. 发生交通事故,从车中移出伤员或搬运伤员时动作应轻缓。（√）

31. 用绷带包扎时,绷带不能过紧或过松,否则会使血液循环不良或固定不住纱布。（√）

32. 固定伤者的骨折部位时,应固定骨折的两端和上下两个关节,力求稳妥牢固。（√）

二、单选题（42题）

1. 使用卫星定位系统车载终端时,哪种做法是错误的?（C）

A. 行车前后检查终端

B. 收听终端的语音提示

C. 自行修理或拆改终端

2. 运输中上陡坡时,道路货物运输驾驶员应该怎么做?（B）

A. 猛踩加速踏板加速冲坡

B. 根据路况选择合适挡位

C. 紧紧跟在前车后面爬坡

3. 运输中发现后车示意超车,如果条件允许,道路货物运输驾驶员应该怎么做?（A）

A. 及时减速靠右让行　　　　　　B. 加速不让后车超越

C. 加速向右变更车道

4.超车后返回原车道时，道路货物运输驾驶员应该怎么做？（B）

A.不打转向灯驶回

B.与被超车拉开安全距离后打转向灯驶回

C.打转向灯后立即驶回

5.运输中遇到图中所示情形时，道路货物运输驾驶员应该怎么做？（A）

A.减速慢行或停车让行　　　　　　B.鸣喇叭后从左侧超越

C.鸣喇叭后从右侧超越

6.使用转向灯时，哪种做法是错误的？（A）

A.开启转向灯后立即转弯　　　　　B.提前开启转向灯再变道

C.汇入车流前开启转向灯

7.一辆大货车在路口右转时没有发现旁边直行的电动车，将电动车卷入车底，导致骑车人死亡。吸取这起事故的教训，在路口右转时应特别注意什么？（C）

A.左侧的行人和其他车辆　　　　　B.正前方的行人和其他车辆

C.右侧的盲区及内轮差

8.在图中所示路段跟车行驶时，跟车距离应怎样变化？（A）

A.适当增加　　　　B.适当减小　　　　C.保持不变

9.货车在隧道内出现故障必须临时停车时，应尽量停在哪里？（C）

A.隧道的进口或出口　　　　　　　B.隧道内中央隔离带

C.隧道内专门的避险区

10.驾驶货车在乡村道路行驶时，应该怎么做？（C）

A.加速通过易扬尘的路段　　　　　B.遇到农用车时频鸣喇叭

C.警惕随意穿行的人或动物

11.驾驶货车遇到图中所示情形时，应该怎么做？（A）

A. 减速跟行或停车　　　　　B. 加速从左侧通过　　　　　C. 鸣喇叭催其让道

12. 雨天行车为避免"水滑"现象，道路货物运输驾驶员应该怎么做？（A）
A. 降低车速　　　　　　B. 靠边行驶　　　　　　C. 紧急制动

13. 涉水行驶后，为恢复制动器工作效能，道路货物运输驾驶员应该怎么做？（B）
A. 猛踩制动踏板　　　　B. 轻踩制动踏板　　　　C. 加速行驶

14. 雪天减速时，道路货物运输驾驶员应该怎么做？（B）
A. 紧急制动减速　　　　　　B. 轻踩制动踏板，同时控制车辆行驶方向
C. 猛拉驻车制动器减速

15. 运输中发现前方路面大面积结冰，道路货物运输驾驶员应该怎么做？（C）
A. 加快车速继续行驶　　　　B. 紧急制动立即停车
C. 寻找安全地点停车

16. 高温天气条件下运输，如果发现轮胎温度过高，应该怎么做？（C）
A. 给轮胎放气　　　　　B. 向轮胎浇凉水　　　　C. 停在阴凉处降温

17. 高温天气条件下运输，发现水温表读数达到100℃时应该怎么做？（B）
A. 马上补充冷却液　　　B. 停在安全地点降温　　C. 继续行驶

18. 以低于60公里/小时的车速进入高速公路行车道会有什么后果？（A）
A. 容易引发追尾碰撞　　B. 能够保证行车安全　　C. 容易加剧轮胎磨损

19. 在高速公路上遇到施工路段，道路货物运输驾驶员应该怎么做？（C）
A. 加速通过施工路段　　B. 到施工现场前紧急制动　　C. 遵守限速规定提前减速

20. 在高速公路上被小客车超越后，为预防其突然并线，道路货物运输驾驶员应该怎么做？（A）
A. 提前轻踩制动减速　　B. 保持原速　　　　　　C. 急转转向盘

21. 在高速公路上遇到其他车辆从左侧或右侧超越时，道路货物运输驾驶员应该怎么做？（C）
A. 紧急制动　　　　　　　　B. 急转转向盘躲避
C. 握稳转向盘，必要时减速

22. 在高速公路上遇到紧急情况临时停车后，道路货物运输驾驶员应在哪里等待救援？（C）
A. 车内　　　　　　　　B. 应急车道　　　　　　C. 护栏外

23. 夜间会车时要特别注意哪里的盲区？（C）
A. 后车灯照射范围外　　　B. 前车灯照射范围外　　　C. 两车灯光交汇处

24. 夜间运输时，道路货物运输驾驶员应将车速控制在什么范围内？（A）
A. 制动距离在前照灯照射范围内
B. 反应距离在近光灯照射范围内
C. 反应距离在远光灯照射范围内

25. 低速行驶时突然发现前方有障碍物，条件允许的前提下应该怎么做？（B）
A. 紧急制动　　　　　　　B. 转向避让同时减速　　　C. 拉紧驻车制动停车

26. 运输中遇到紧急情况需要转向避让时，道路货物运输驾驶员应该怎么做？（B）
A. 急转方向躲避　　　　　B. 向危害较小的一方避让　　C. 向危害较大的一方避让

27. 发动机突然熄火不能再次起动时，道路货物运输驾驶员应该怎么做？（B）
A. 立即原地停车　　　　　B. 利用惯性停到路边检查故障　C. 连续点火尝试起动

28. 发动机突然熄火，尝试起动成功后，道路货物运输驾驶员应该怎么做？（B）
A. 继续行驶　　　　　　　B. 安全停车检修　　　　　　C. 立即制动停车

29. 运输中轮胎突然发生故障，道路货物运输驾驶员应该怎么做？（C）
A. 加速行驶到停车场　　　B. 猛踩制动踏板停车
C. 松抬加速踏板，握稳转向盘

30. 下长坡时发现货车制动效能减弱，道路货物运输驾驶员应该怎么做？（C）
A. 继续重踩制动踏板　　　B. 挂入空挡继续行驶
C. 利用避险车道停车

31. 货车因碰撞起火，道路货物运输驾驶员应该首先做什么？（B）
A. 清理现场　　　　　　　B. 抢救伤员　　　　　　　C. 抢救货物

32. 灭火时应该将灭火器对准哪里？（C）
A. 火苗　　　　　　　　　B. 火焰中部　　　　　　　C. 火源根部

33. 运输中突遇地震时，应在哪里避震？（C）
A. 建筑物下　　　　　　　B. 电线杆下　　　　　　　C. 开阔地带

34. 运输中突遇泥石流时，道路货物运输驾驶员应该怎么做？（C）
A. 向地势低的地方逃生　　B. 躲在有大量堆积物的山坡下
C. 向泥石流方向两边的高地逃生

35. 在事故现场抢救伤员时，道路货物运输驾驶员应该怎么做？（B）
A. 先治伤后救命　　　　　B. 先救命后治伤　　　　　C. 先处理死者

36. 伤员头、颈部大出血，采取其他止血方法无效时，可采用哪种方法止血？（B）
A. 颌外动脉压迫止血法　　B. 颈总动脉压迫止血法
C. 锁骨下动脉压迫止血法

37. 使用图中所示的肱动脉压迫止血法止血时，压迫点位于哪里？（B）

A. 上臂外侧动脉血管　　　　　　　B. 上臂内侧动脉血管
C. 前臂内侧动脉血管

38. 使用止血带止血时，要标明扎止血带的时间，多长时间放松一次？（C）
A.4 个小时　　　　　B.2 个小时　　　　　C.30 到 60 分钟

39. 货运驾驶员驾驶货车以 70 公里/小时的速度通过山区弯道时，车辆失控冲出路面撞上路边土包，导致车头严重变形，驾驶员被困驾驶室。造成这起事故的主要原因是什么？（B）
A. 驾驶员超载　　　　B. 驾驶员超速　　　　C. 驾驶员疲劳驾驶

40. 高速公路前方发生了碰撞事故，货运驾驶员驾驶货车经过事故现场时看热闹，没注意前方路况，一眨眼工夫连撞了 3 辆车。造成这起事故的原因是什么？（A）
A. 驾驶员注意力分散　　B. 驾驶员疲劳驾驶　　C. 货车制动失灵

41. 货运驾驶员驾驶货车在隧道内借道超车时，与迎面驶来的小客车碰撞，导致人员伤亡。造成这起事故的直接原因是什么？（B）
A. 暗适应影响货运驾驶员视力　　　　B. 货运驾驶员隧道内违法超车
C. 小客车驾驶员违法行驶

42. 凌晨，一辆货车在无人看守的铁路道口与一列火车相撞，导致货车驾驶员受伤，火车脱线。道口处设有安全警示，火车经过时也会鸣笛，但货车驾驶员仍然抢道行驶，导致事故发生。吸取这起事故的教训，通过无人看守的铁路道口时应该怎么做？（A）
A. 一停、二看、三通过　　　　　　B. 仔细观察，加速通过
C. 尽量保持原速通过

三、多选题（62 题）

1. 超载运输有哪些危害？（ABCD）
A. 严重损坏公路基础设施　　　　　B. 扰乱道路运输市场秩序
C. 危害人民生命财产安全　　　　　D. 加重车辆负担，加快车辆磨损

2. 运输中停车休息时，道路货物运输驾驶员需要对车辆进行哪些检查？（ABD）
A. 有无漏油、漏水、漏气现象　　　B. 胎压是否正常，胎面有无异物
C. 机油、制动液液面是否符合要求　D. 发动机、制动鼓有无过热现象

3. 收车后，道路货物运输驾驶员需要进行哪些工作？（ACD）
A. 检查车辆　　　　　　　　　　　B. 检查仪表灯光
C. 清洁车辆　　　　　　　　　　　D. 记录车辆行驶情况

4. 卫星定位系统车载终端具有哪些功能？（ABD）

A. 实时提供经纬度、速度等定位信息

B. 能在驾驶员超速、疲劳驾驶时自动提醒

C. 能够实现对运输企业的动态管理

D. 具有信息采集和行驶记录功能

5. 运输中与其他车辆保持安全距离的目的有哪些？（ABC）

A. 避免驾驶紧张，缓解驾驶疲劳　　　　B. 保证紧急时有足够的停车距离

C. 预防前车突然紧急制动　　　　　　　D. 拉大车距以便快速通过交叉路口

6. 运输中确需借道超车时，道路货物运输驾驶员应该怎么做？（CD）

A. 打开转向灯后盲目跟随前车超车

B. 可能与对向来车会车时加速超车

C. 判断是否有足够的时间、空间完成超车

D. 与被超车辆拉开安全距离后驶回原车道

7. 夜间在无中央隔离、照明不良的路段会车时，道路货物运输驾驶员应该怎么做？（CD）

A. 持续使用远光灯以便观察　　　　　　B. 提高车速以便快速完成会车

C. 离对向来车150米时改用近光灯　　　D. 对向来车使用远光灯时不直视强光

8. 运输中通过桥梁时，道路货物运输驾驶员应该怎么做？（ABD）

A. 注意观察桥头的交通标志和提示　　　B. 观察路况，条件允许时安全通过

C. 提高车速，抢在其他车辆前上桥　　　D. 避免在窄桥上会车、制动和停车

9. 运输中驶入隧道前，道路货物运输驾驶员应该怎么做？（ABD）

A. 注意限高、限速标志　　　　　　　　B. 选择绿灯亮的车道行驶

C. 超越前方缓慢行驶的车辆　　　　　　D. 提前开启前照灯

10. 运输中通过山区道路时，道路货物运输驾驶员应该怎么做？（ABCD）

A. 提前了解山区气象条件

B. 提前检查车辆制动、转向性能

C. 转弯、会车和下坡时降低车速

D. 确认安全后，尽快通过经常发生泥石流、塌方的路段

11. 运输中通过险桥等危险地段时，道路货物运输驾驶员应该怎么做？（ABCD）

A. 发现对面来车时停车等待，避免在危险地段会车

B. 必要时下车查明情况

C. 确认安全后尽快通过

D. 不能通过时报告后绕道

12. 防御性驾驶理念要求道路货物运输驾驶员怎么做？（AB）

A. 规范操作，避免主动引发事故　　　　B. 宽容礼让，避免卷入被动性事故

C. 设法纠正别人的错误　　　　　　D. 不容忍别人犯错

13. 运输中跟行大型货车时，为什么需要增大跟车距离？（ACD）

A. 载货较高，阻挡后车驾驶员视野

B. 货车尾灯易引起后车驾驶员炫目

C. 货物超载时影响轮胎寿命，易爆胎

D. 货物苫盖不牢时，掉落的货物会导致危险

14. 缺乏安全会车条件时，道路货物运输驾驶员应该怎么做？（BC）

A. 占用非机动车道会车　　　　　　B. 决不盲目会车

C. 减速，必要时停车让行　　　　　D. 抢先通过，迫使对方让行

15. 准备超车时，道路货物运输驾驶员应该怎么做？（CD）

A. 从被超车右侧超车　　　　　　　B. 紧跟前车准备超车

C. 夜间变换远近光灯提示前车　　　D. 提前开启左转向灯、鸣喇叭

16. 运输中需要倒车时，道路货物运输驾驶员应该怎么做？（ABC）

A. 下车检查，确认安全　　　　　　B. 保持较低车速

C. 发现危险立即停车　　　　　　　D. 发现危险加速躲避

17. 如何驾驶货车安全掉头？（ABC）

A. 提前开启左转向灯　　　　　　　B. 严格控制车速

C. 不妨碍其他车辆正常行驶　　　　D. 在禁止左转弯的路口掉头

18. 在跨海大桥上遇到强烈横风时，道路货物运输驾驶员应该怎么做？（ABC）

A. 双手握稳转向盘　　　　　　　　B. 合理控制车速

C. 与并行车辆保持安全的横向距离　D. 加速通过

19. 驶离隧道时，为了降低横风和明适应的影响，道路货物运输驾驶员应该怎么做？（ACD）

A. 严格遵守限速规定　　　　　　　B. 加速通过

C. 双手握稳转向盘　　　　　　　　D. 警惕隧道口有人横穿

20. 通过铁路道口时，道路货物运输驾驶员应该怎么做？（AC）

A. 提前换入低挡　　　　　　　　　B. 在道口内减挡

C. 低速平稳通过　　　　　　　　　D. 加速通过

21. 运输中通过城乡接合部时，道路货物运输驾驶员应该怎么做？（BC）

A. 频繁鸣喇叭　　　　　　　　　　B. 注意观察路边行人、非机动车动向

C. 遇路口时减速让行，必要时停车避让　D. 尽快加速通过

22. 道路货物运输驾驶员在雾天应如何使用灯光？（ABC）

A. 打开近光灯　　　　　　　　　　B. 打开雾灯和危险报警闪光灯

C. 打开示廓灯和前后位灯　　　　　D. 打开远光灯

23. 雾天运输时，道路货物运输驾驶员应该怎么做？（ABC）

A. 适时鸣喇叭 B. 合理控制车速，增大跟车距离
C. 能见度过低时在安全地点停车 D. 开启远光灯和雾灯

24. 雨天行车出现"水滑"现象时，道路货物运输驾驶员应该怎么做？（CD）
A. 紧急转向 B. 紧急制动
C. 握稳转向盘 D. 松抬加速踏板，避免紧急制动

25. 运输中通过积雪路面时，道路货物运输驾驶员应该怎么做？（ACD）
A. 沿车辙行驶 B. 靠路边行驶
C. 低速平稳行驶 D. 安装防滑链

26. 高温天气运输中感到疲劳时，道路货物运输驾驶员应该怎么做？（BC）
A. 坚持驾驶 B. 用正确方法缓解疲劳
C. 在安全地点停车休息 D. 加速尽快到达目的地

27. 车辆在高速公路上发生故障需要临时停车时，道路货物运输驾驶员应该怎么做？
（ABCD）
A. 开启危险报警闪光灯 B. 按规定放置警告标志
C. 拨打救援电话 D. 在护栏外等待救援

28. 驶入高速公路前，道路货物运输驾驶员应做哪些准备工作？（ABCD）
A. 了解天气情况 B. 了解道路通行状况
C. 提前熟悉行驶路线 D. 检查车辆安全状况

29. 夜间会车对方持续使用远光灯时，道路货物运输驾驶员应该怎么做？（BC）
A. 直视对方灯光 B. 避免直视其灯光
C. 必要时停车让行 D. 也开启远光灯

30. 通过长下坡路段时，如何正确控制车速？（AB）
A. 使用缓速器 B. 开启排气制动 C. 频繁使用行车制动 D. 空挡滑行

31. 运输中遇到紧急情况，道路货物运输驾驶员应如何正确处置？（ABC）
A. 沉着冷静，心态良好 B. 及时减速，控制方向
C. 先人后物，避重就轻 D. 先物后人，财产第一

32. 运输中发生紧急情况，道路货物运输驾驶员可通过哪些方式提醒其他交通参与者？（ABCD）

A. 开启危险报警闪光灯 B. 变换远近光灯
C. 连续鸣喇叭 D. 必要时打手势

33. 直线行驶时转向突然失控，道路货物运输驾驶员应该如何正确处置？（ABC）

A. 松抬加速踏板 B. 缓踩制动踏板
C. 视情使用驻车制动器辅助制动 D. 紧急制动

34. 运输中发现转向阻力突然增大，但还可以转向时，应在保证安全的前提下怎么做？（AB）

A. 握稳转向盘，及时减速 B. 选择安全地点停车，查明原因
C. 紧急制动停车，查明原因 D. 低速靠右继续行驶

35. 在平直路段行驶时制动突然失灵，道路货物运输驾驶员应沉着冷静，在控制好方向的前提下怎么做？（ABC）

A. 立即松抬加速踏板 B. 抢挂低速挡减速
C. 使用驻车制动减速、停车 D. 熄火滑行

36. 哪些因素会导致轮胎漏气或爆胎？（ABCD）

A. 超速行驶 B. 胎压过低或过高
C. 轮胎磨损严重 D. 车辆超载

37. 运输中发现轮胎漏气时，道路货物运输驾驶员应该如何正确处置？（ABCD）

A. 平稳制动减速 B. 握稳转向盘
C. 驶离行车道 D. 选择安全地点停车

38. 运输中前轮突然爆胎时，道路货物运输驾驶员应该如何正确处置？（ABD）

A. 避免紧急制动 B. 双手握稳转向盘，尽量控制方向
C. 行驶路线偏离时急转转向盘 D. 控制方向后反复轻踩制动或减挡

39. 一辆货车行至高速公路下坡弯道路段时，前轮突然爆胎，驾驶员操作不当导致货车侧翻，货物受损。如何避免类似事故？（AB）

A. 不超速超载，遵章守法驾驶 B. 做好轮胎检查和维护
C. 保持胎压适当低于标准 D. 爆胎时立即紧急制动

40. 运输中发现货物起火，道路货物运输驾驶员应该如何正确处置？（ABCD）

A. 拨打救援电话 B. 驶离闹市区等人员密集场所
C. 有条件时将起火的货物卸下 D. 采取各种措施尽量灭火

41. 货车油箱起火时，可以用什么扑救？（BCD）

A. 水 B. 浸湿的厚布、纯棉工作服
C. 车载灭火器 D. 沙土

42. 运输中遇到泥石流，逃生时应注意哪些事项？（BC）

A. 带上所有物品 B. 不要携带重物
C. 向泥石流方向的两边跑 D. 躲在地势低洼地带

43. 发生交通事故造成人员伤亡,道路货物运输驾驶员应该如何正确处置?(ABC)

A. 拨打救援电话 B. 保护现场,设置警告标志

C. 将伤员从车内安全转移,避免二次受伤 D. 用力拖出被压在车下的伤员

44. 发生有人员伤亡的交通事故,需要保护现场时,应该怎么做?(ABC)

A. 标记车辆、伤员位置

B. 标围封闭现场

C. 现场可能被破坏时,遮盖尸体、血迹、制动印痕及现场散落物

D. 将现场清理干净

45. 发生交通事故,报警时需要说明哪些情况?(ABCD)

A. 报警人的姓名、联系方式 B. 事故时间、地点

C. 人员伤亡情况 D. 事故车及肇事车详细情况

46. 图中所示的锁骨下动脉压迫止血法可用于治疗伤员哪个部位出血?(BCD)

A. 头顶 B. 腋窝 C. 肩部 D. 上肢

47. 图中所示的加压包扎止血法可用于治疗伤员哪个部位的出血?(ACD)

A. 静脉 B. 大动脉 C. 小动脉 D. 毛细血管

48. 道路货物运输驾驶员应该如何使用止血带为伤员止血?(ABD)

A. 上肢结扎于上臂上 1/3 处 B. 下肢结扎于大腿中部

C. 包扎时先将伤肢放低 D. 每 30 到 60 分钟放松一次止血带

49. 覃某驾驶大货车通过十字路口,因不熟悉道路,在路口内直行 10 余米后,他发现应该在这个路口右转,随即草率打方向右转,与同向直行的电动车发生碰撞,导致人员伤亡。造成这起事故的原因有哪些?(ABC)

A. 覃某不熟悉运输路线 B. 覃某在十字路口内违法转弯

C. 覃某行车中不注意观察路况 D. 电动车驾驶员违法行驶

50. 赵某驾驶大货车在高速公路上行驶时,车辆突然出现故障,他靠边停车检查,但

没有采取警示措施，随后后方一辆货车撞了上来，导致两车受损。造成这起事故的原因有哪些？（BC）

A. 赵某疲劳驾驶　　　　　　　　　　B. 赵某未采取警示其他车辆的措施
C. 后车驾驶员未仔细观察路况　　　　D. 后车驾驶员超速行驶

51. 李某发现半挂车制动有问题，告知了车主，但车主并未进行检修。数天后，李某驾驶这辆半挂车运输起重机部件（货物超载且捆绑固定存在隐患）在高速公路上行驶，行经一处17公里的长下坡路段时，李某频繁使用行车制动减速，加上车辆制动本身有问题，导致车辆制动失灵，之后途经4处避险车道，但李某并未采取紧急避险措施，失控的半挂车疾驰至收费广场附近后与多车发生碰撞，造成多人伤亡，多车受损。造成这起事故的原因有哪些？（ABCD）

A. 明知车辆故障还上路行驶　　　　　B. 车辆超载，货物捆绑不良
C. 李某下长坡减速操作不当　　　　　D. 李某未采取紧急避险措施

52. 一辆货车在高速公路上行驶，驾驶员突然发现前方路面上有异物，但已经避让不及，货车撞上异物后侧翻。如果你是这位驾驶员，应该如何避免类似事故？（ABCD）

A. 保持15秒以上的观望距离　　　　　B. 车速较低时转向避让同时减速
C. 车速较高时不能转向避让　　　　　D. 碰撞不可避免时尽量减速降低撞击力

53. 一辆重型半挂车在十字路口等红灯，一辆电动车斜插至半挂车右前侧，此时绿灯亮了，半挂车起步，随即撞倒并碾轧电动车，造成电动车驾驶员当场死亡，乘客受伤。造成这起事故的原因有哪些？（BD）

A. 半挂车闯红灯　　　　　　　　　　B. 半挂车起步前没有仔细观察
C. 电动车超速　　　　　　　　　　　D. 电动车不按车道行驶

54. 一辆重型货车与一辆面包车相向同时接近乡村弯道，两车车速都较快，在转弯处会车时因避让不及碰撞在一起。如果你是这位货车驾驶员，通过弯道时应该如何安全会车？（ABD）

A. 不越过道路中心线　　　　　　　　B. 合理控制车速
C. 减小横向距离　　　　　　　　　　D. 注意对向盲区是否有车，适时鸣喇叭

55. 一辆重型半挂车在驶近十字路口时，驾驶员发现信号灯变为红灯，但他并未减速，而是继续行驶进入路口内，随后拦腰撞上交叉方向上正常通过路口的公交车，造成人员伤亡。吸取这起事故的教训，驾驶员应如何通过十字路口？（ABC）

A. 提前减速，观察路况　　　　　　　B. 红灯亮时应停车等待
C. 观察是否有违法通行的人和车　　　D. 绿灯亮时可以放松警惕

56. 一辆大客车在站外招揽乘客后驶入高速公路，连续行驶6个小时后，客车突然穿越中央隔离带进入对向车道，与一辆运输环己酮的半挂车发生碰撞，导致多人伤亡、半挂车运载的环己酮泄漏。经调查发现，半挂车所属危险货物运输企业并没有运输环己酮的资质。这起事故中有哪些违法行为？（ABC）

43

A.大客车站外揽客　　　　　　　　　B.大客车疲劳驾驶
　　C.半挂车超越许可范围运输危险货物　D.半挂车超速行驶

57.雨天，刘某驾驶一辆空载重型半挂车以93公里/小时左右的速度在湿滑的高速公路上行驶，制动时牵引车（第一轴制动气管未连接）侧滑，挂车（长30.55米、宽2.525米、高4.1米）由于制动滞后继续向前，牵引车和挂车弯折，车辆失控冲破中央隔离护栏驶入对向车道，与对向三辆小客车发生碰撞，导致多人伤亡。造成这起事故的直接原因有哪些？（ABC）

　　A.牵引车不符合技术条件　　　　　B.挂车外廓尺寸超过规定限值
　　C.刘某雨天超速行驶　　　　　　　D.小客车雨天超速行驶

58.夜间，刘某驾驶货车在无照明路段不慎撞到路边花坛，导致车辆受损，刘某自己受伤。如果你是刘某，夜间通过无照明路段时应该怎么做？（ABD）

　　A.降低车速　　　　　　　　　　　B.正确使用灯光
　　C.会车、跟车时持续使用远光灯　　D.注意观察人、车、物及道路情况

59.陈某驾驶货车跟车行驶，看到前车示意左转时，他认为来得及超越前车，于是穿越双实线占用对向车道超车，结果与前车相撞。如果你是陈某，应该如何安全超车？（ACD）

　　A.超车前全面观察路况　　　　　　B.前车左转时从右侧超车
　　C.前车正在左转时放弃超车　　　　D.不可跨越双实线超车

60.大货车驾驶员看到前车减速，便向右侧变更车道，没有发现右侧盲区内正好有一辆小客车，导致两车碰撞。吸取这起事故的教训，变更车道时应该怎么做？（BCD）

　　A.开启转向灯后迅速变更车道
　　B.仔细观察，确保安全后再进行后续操作
　　C.提前开启转向灯提醒其他车辆
　　D.注意盲区内是否有车辆行驶

61.一辆货车在右转弯时将一辆电动车卷入车底，造成骑车人当场死亡。货车驾驶员直行时观察过右方没有车，等到右转时就只观察了前方和左侧，忽视了右方。为了避免类似事故，转弯时应该怎么做？（ABC）

　　A.提前降低车速　　　　　　　　　B.全面观察路况
　　C.注意内外轮差　　　　　　　　　D.迫使其他车辆避让

62.夜间，一辆故障货车停在照明不良的路边，没有任何灯光、警示标志，唐某骑电动车经过时撞上了货车，伤重不治死亡。吸取这起事故的教训，夜间在路边临时停车时应该怎么做？（BCD）

　　A.可以随时随地停车　　　　　　　B.选择安全的停车地点
　　C.开启危险报警闪光灯、示廓灯　　D.按规定放置警告标志